COUP-D'ŒIL

SUR LES THÉATRES

DE PARIS.

Fari quœ sentiam!

A PARIS,

CHEZ DELAUNAY, BARBA, PÉLICIER, LADVOCAT,
DENTU, DALIBON, libraires au Palais-Royal.

De l'Imprimerie de Constant-Chantpie, rue Sainte-Anne, N°. 20.

1821.

COUP-D'ŒIL

SUR LES THÉATRES

DE PARIS.

Nous vivons dans un carnaval continuel. On sacrifie aisément ses inclinations à ces préjugés modernes qui veulent que la physionomie soit toujours en opposition avec les sentimens du cœur. C'est pourquoi tant de journalistes prônent jusqu'à satiété les talens de l'artiste ignorant, et trafiquent à qui mieux mieux de leur plume docile; mais, moi, qui ai long-temps lorgné le monde dramatique, je hais le style et les manières de ces courtisans hypocrites, et si les mascarades durent une année entière pour certains aristarques, l'amour de la vérité m'enflamme sans cesse :

> Non, je n'ai point tort d'oser dire
> Ce que pensent les gens de bien,
> Et le sage qui ne craint rien
> A le beau droit de tout écrire.....
>
> *(Voltaire.)*

Quiconque se livre au théâtre, se rend le tributaire de la critique. Enfant du parterre, il doit en silence respecter ses oracles. Destiné aux amusemens de la société, un artiste humble doit écouter les conseils des amis des arts, et non pas dédaigner leurs salutaires avertissemens. Penserait-on que Fleuri et Talma, bien éloignés, à l'époque de leurs débuts, de la supériorité qu'ils ont acquise, seraient parvenus à ce degré de perfection, si Fréron, Clément, Geoffroy et naguère Martainville, ne les avaient conduits dans leur carrière. Ces censeurs, doués de cette admirable pénétration, qui est le fruit de l'étude et de la connaissance de la scène, leur découvraient les vices de leur déclamation; ils leur traçaient la vraie route des succès qui ne s'obtiennent pas aussi vite que se l'imaginent des néophytes ambitieux. Les sifflets, dont l'amour-propre redoute le bruit sinistre, rappelaient dans le devoir ces dignes disciples.

Aujourd'hui, avisez-vous de ne pas approuver les applaudissemens d'une cabale salariée, de trouver ridicules la monotonie de Zaïre-Bourgoin, les hurlemens d'Achille-Lafon, ou la causerie larmoyante de Cydalise-Volnais, tout-à-coup un peloton de gendarmes, réunis aux hercules du lustre, vous accablent d'outrages, en engageant souvent une lutte inégale et périlleuse. Trop heureux encore quand les jockeis et les laquais des *Messieurs* de ces dames, ne viennent pas faire cause commune avec les soldats de ces princesses tant soit peu surannées.

Boileau ni ses préceptes ne sont plus de ce monde, puisque ceux qui payent ne jouissent plus des droits dont parle le Maître du Parnasse français, et que ceux qui ne payent pas, s'érigent en juges et en bourreaux. Qui ne déplorerait l'abus de pareils stratagèmes ? Qui ne gémirait sur ces ressources qu'employent des comédiens recommandables, engoués cependant, de la manie de l'imitation. Ne conviendrait-il pas mieux de mettre en post-scriptum sur l'affiche : *qu'il est expressément défendu de siffler les acteurs, actrices, auteurs,* voire même *musiciens, sous peine de passer vingt-quatre heures au violon !!* On ne pourrait pas ajouter qu'il serait défendu de bâiller, car, ce serait autoriser le caissier à donner sa démission, et les buralistes, à délivrer leurs billets *gratis* !

Doit-on s'étonner qu'avec un pareil relâchement, les nouveautés deviennent si rares dans ce temple en ruines. La représentation en faveur de Damas pouvait offrir quelque attrait à la curiosité. C'était un hommage rendu aux efforts de cet artiste qui aime son emploi, mais qui est incapable de le soutenir. Ses gestes compassés, son débit boursoufflé et l'écume qu'il fait continuellement sortir de sa bouche, toutes les fois qu'il parle, contraignent la critique à gémir publiquement sur une intelligence qui n'est pas en harmonie avec les principales vertus de la nature et de l'art.

Des scènes scandaleuses ont lieu fréquemment à ce théâtre. Messieurs les comédiens français, dont les opinions politiques ne sont pas toujours celles du gouvernement, se complaisent à représenter des pièces qui offrent des allusions contre les nobles, les privilégiés et les manies de l'ancien régime. Quoique les épigrammes ayent épuisé la matière, nos législateurs de vingt ans chérissent ce genre de sarcasmes ; les bravos multipliés sont les signes certains de leur joie, et les sociétaires rient sous cape de leur propre perfidie. Je suis loin d'approuver les ridicules semés dans la société du 15 ou 16e siècle ; mais quand je vois nos fierenfats corsés, *enschallés* comme nos coquettes, éperonnés comme nos cavaliers, ma foi, la compensation me semble parfaite, et je dis que le 19e siècle n'a rien à envier aux paniers et aux coiffures de *ma Tante Aurore*. Mais, l'esprit ! oh ! c'est différent ! nous avons MM. Etienne,

Duval, Picard, Gosse, Andrieux. Assurément ils ont laissé loin derrière eux Molière, Destouches, La Chaussée, Piron, Regnard, Marivaux, Colin d'Harleville, Beaumarchais et Fabre d'Eglantine!!

. . . .

Certes, si ces *illustres* talens, qui n'ont pas cru que le taux ordinaire des places, devait suffire à leur avarice, n'essayaient pas d'élever deux côtés d'opinion dans leur théâtre, de pareilles esclandres ne se renouvelleraient point. Le répertoire n'offre-t-il donc que M. de *Crac*, ou *la Mort de César*, qui est assure-t-on, à l'étude ? un spectacle destiné à nos plaisirs et à notre instruction, doit-il devenir une arène de discorde ?

Ah ! si j'étais M. public, je fouetterais violemment ces pédans sans mérite, orgueilleux sans raison, et dont la conduite blâmable, nécessitera le rétablissement d'un *Fortlevesque* !

Le Mari et l'Amant, de M. Vial, est une petite comédie graveleuse et fort gaie. Mademoiselle Rose Dupuis, par la grâce de ses manières, y trouve l'occasion d'ajouter un nouvel éclat à une belle renommée.

Il n'est que trop vrai, Michot se retire; cet acteur original qui nous a fait ses adieux, n'a pas même de copie. La nature lui prêtait ses inspirations. Il aurait dû, par égard pour le public, qui n'a cessé de lui accorder des témoignages de sa gratitude, retarder de quelques années encore, l'accomplissement d'une résolution pénible et précipitée.

L'infortunée *Zénobie*, sous les jolis traits de madame Paradol, déclame en vers emphatiques les peines et les douleurs de sa captivité. M. Royou, n'est pas heureux dans ses conceptions; il semble ignorer que l'action est le nœud de la tragédie, et que la poésie sans images n'est qu'une beauté fade.

SECOND THÉATRE-FRANÇAIS.

Ça va mal, dit je ne sais quelle soubrette; et la soubrette n'a pas tort. Il était donc si nécessaire de reconstruire la salle de l'Odéon, pour plonger les habitans du *Faubourg-St.-Germain* dans des rêveries soporifiques, et quelquefois les élégans de la *Chaussée-d'Antin*, dans la douleur d'un double regret, c'est un triste pélerinage que celui du trajet; et il faut avoir une forte dose de curiosité et de patience pour prêter l'oreille aux déclamations véhémentes des hôtes de cette salle magnifique; aussi, maints amateurs sont-ils revenus de leur engouement; sans la saison que nous parcourons, cette succursale ressemblerait assez aux déserts de l'Arabie.

Les appointemens considérables que le directeur accorde aux artistes de cette troupe trop nombreuse absorbent les recettes, et ne permettent guère à la société, d'ailleur active et laborieuse, de se pavaner à l'instar des financiers de la rue de Richelieu.

Joanny, qui aurait agi prudemment s'il se fût borné à conserver son sceptre provincial, va bientôt se trouver en présence de Talma : une action louable, et dont les exemples ne sont pas fréquens, va opérer ce rapprochement; quiconque s'adonne à la culture des lettres, renonce en quelque sorte aux faveurs de la fortune; la gloire le guide dans ces sentiers difficiles, et ce n'est qu'après avoir enrichi sa patrie d'ouvrages estimables qu'il peut parvenir à se créer une aisance honnête; et puis cette réputation, aujourd'hui devenue le fruit de l'intrigue et de l'imposture, ne s'acquiert souvent qu'à l'heure où le disciple d'Apollon amasse ses deniers pour payer l'avare nautonnier! honneur, mille fois honneur au Ministre généreux qui prête son appui et sa protection à l'homme de lettres, dont le cœur sensible a su compatir aux malheurs d'un frère, aux dépens même de sa liberté !

Victor, jeune, rempli de verve, et de plus animé du désir de suivre une route qu'il s'est lui-même ouverte, se recommande à nos applaudissemens; sa susceptibilité seule serait capable de lui nuire, dans le dévellopement de ses facultés; il est chatouilleux sur l'article de l'amour-propre, il feint donc d'ignorer, qu'en embrassant la carrière des Baron et des Lekain, il contracte l'engagement de plaire; s'il ne réussit pas toujours, c'est son humeur et son orgeuil qui produisent cette mauvaise fortune. A vingt-sept ans, Alexandre régnait depuis les bords de l'Euphrate, jusqu'à l'Indus. Que Victor obtienne une vice-royauté, sur les rives de la Seine, sa puissance sera encore assez durable; mais, où vais-je lui chercher un modèle? N'ai-je pas l'air en ce moment du bailly du *Nouveau Seigneur?* Lorsqu'il est question d'art dramatique, les ombres de nos tragédiens célèbres ne doivent-elles pas se présenter d'elles-mêmes à l'imagination de leur héritier?

Vivez-vous encore, MM. Delavigne, Liadères, que votre muse chère à nos affections, ramène la prospérité dans ce théâtre, ennobli de vos nobles succès; car, les clameurs du désespoir se font entendre.

Joanny s'abandonne à ses noires fureurs,
Et tous, jusqu'à *Thénard*, sont plongés dans les pleurs!

Un mauvais génie préside dans tous les actes

de l'administration de M. Picard. C'est en vain que ce directeur demande que l'on accepte sa démission. Il faut qu'il reste à son poste, et qu'à chaque heure du jour, il reçoive les sociétaires en deuil qui viennent lui exprimer leurs doléances.

Des comédies sans esprit, sans sel, sans intrigue, ne peuvent soutenir ce frêle édifice; *l'Intrigant maladroit*, n'a pas rempli le vœu de son auteur, ni l'espoir du caissier. Que dirai-je de Don Carlos? Respectons les manes de M. Lefévre, cette œuvre posthume, aurait dû rester dans les dossiers de M. Taillandier, mieux entendu dans son état de procureur, que dans la mise en scène d'une production dramatique. Eh! Baudoin!

Le public en rumeur et l'exile et l'outrage.
C'est le sort d'un héros d'être persécuté!

mais, je pense que cet empereur improvisé n'a jamais rencontré en Orient de plus cruel ennemi, que l'auteur imprudent qui a prétendu renchérir sur les crimes de Meleagre. Une plaisanterie pouvait seule réclamer l'oubli de tant de péchés dramatiques. MM. Waflard et Fulgence ont profité des circonstances pour composer une comédie intitulée *Voyage à Dieppe*; on a ri, et chacun a crié au miracle; car, on sait qu'à l'Odéon, le spleen étend ses funestes progrès.

On parle du début de mademoiselle Georges : la reine de Carthage, n'a pas encore signé son abdication. Il est si doux de regner même au-delà des ponts, que mademoiselle Georges a raison d'insister auprès du ministère de la maison du Roi, pour ressaisir le sceptre qu'elle portait si bien.

Mademoiselle Delia, l'impératrice des coquettes, doit reparaître sous peu de jours. MM. Rougemont, Merville et Théaulon, émerveillés de ce retour, se proposent de caresser la riante Thalie.

ACADÉMIE ROYALE DE MUSIQUE.

On ne parle dans les salons que de *la mort du Tasse!* On ne peut s'imaginer qu'un mélodramaturge obtienne une faveur de la muse lyrique. On se trompe; l'homme de lettres, qui n'a que ses talens pour tout apanage, cherche sans cesse à les mettre à profit. Une fois parvenu à la porte d'un comité secondaire, il entre sans difficulté, s'il a surtout des liaisons avec les courtisanes de ces juges *intègres!* Géant sur le boulevard, M. Cuvelier, qui jouit d'une bonne réputation à la Gaité, s'est annoncé d'une manière brillante à l'Académie royale de Musique. Je ne sais si quelque danseuse l'a protégé dans son audace; à en juger par le charme des ballets, je serais tenté de former une accusation, à la vérité légère, contre lui. Garcia, acteur et chanteur agréable, et qui se rapproche le plus à Louvois des mœurs françaises, s'est chargé d'exciter notre enjouement, et de doubler la dose de nos plaisirs. Sa musique est parlante; elle mérite les éloges de tous les connaisseurs.

OPÉRA - COMIQUE.

Ordre du jour.

La Servante de Palaiseau se propose de doubler à Pâques madame Gavaudan dans son emploi. Quelle prétention! Si la gent Jenny a lu les fables de La Fontaine, elle doit se rappeler le vers :

La grenouille enfla
Tant qu'elle creva.

Madame Perrin est allée, comme on sait, à Nice, boire une eau qui lui donnera la voix de madame Mainvielle-Fodor; on pense qu'elle est parvenue à obtenir un ordre de début. Gavaudan la protège, et madame Monnier rit en tapinois des efforts de cet ex-sociétaire! Il n'y a pas de quoi rire; car, en flattant l'orgueil de cette aimable actrice, il finirait par la tuer !

Mademoiselle Pauline Geoffroy quitte le vaudeville pour se livrer aux roulades!

Voilà les dédommagemens que l'*Opéra-Comique* va nous offrir, pour nous faire oublier Martin, qui a obtenu une représentation pour sa retraite (1).

L'*Amant et le Mari* ont réussi, grâce aux paroles de M......

VAUDEVILLE.

Tant que les Français aimeront à rire, le Vaudeville fera entendre des joyeux refrains; l'ombre de Piron le protège contre les agressions d'un ennemi plus audacieux que redoutable. D'ailleurs, le digne héritier des Collé et des Panard, le Roi de la chanson, dort-il sur son trône ? Depuis que M. Désaugiers a pris les rênes de la direction du théâtre de la rue de Chartres, des succès presque continus ont marqué jusqu'à ce jour la prospérité de son empire. *Sans-Gêne*, le *Nouveau Pourceaugnac*, l'*Appartement à deux*

---

(1). Talma, Mlle. Mars uniront leurs talens pour fêter dignement le départ de ce chanteur célèbre.

Maîtres, une *Nuit de la Garde Nationale*, les *Deux Gaspards*, le *Petit Dragon*, les *Deux Valentins*, une *Visite à Beldam*, un *Dîner à Pantin*, l'*Homme Noir*, les *Deux Châteaux*, *Frontin Mari-Garçon*, la *Solliciteuse*, n'ont-ils pas honoré son heureuse gestion? Que l'on me cite un seul théâtre secondaire où tant de pièces nouvelles soient aussi dignes de rester au répertoire!

Mais les acteurs principaux qui jouaient dans ces pièces, ont quitté l'asile de Piron pour contribuer à la fortune du Gymnase. Si je n'étais riche de bons argumens, je pourrais appeler M. *Crédule* au secours de ma raison; il me rappellerait que Paris a vu s'élever je ne sais combien de Gymnases, et que malgré les efforts d'un chimiste, qui n'entend rien aux manœuvres dramatiques, il arrivera assurément que le *Gymnase* ira au *Père La Chaise*. Sans lui souhaiter cette fin commune, je rassurerai les esprits timorés, en leur certifiant que les actions du Vaudeville sont toujours à la hausse, et que, malgré de brillantes propositions, nul des actionnaires ne veut encore vendre.

Ellevion s'est bien retiré de Feydeau, dont il était l'aimable favori; qu'en est-il résulté? Il n'a pas été remplacé; mais en revanche, on a composé des pièces pour le public; on a redoublé de zèle et d'activité. Les recettes n'en sont pas moins considérables; et la retraite de Martin n'empêchera pas la fortune de l'Opéra-Comique de s'accroître journellement. Dans un autre genre, Potier a dit adieu à Brunet; Brunet l'a laissé partir sans rumeur. Les *Variétés* ont appelé des acteurs de province, et Potier est oublié!!!!.... Les administrations théâtrales seraient bien à plaindre si leur bonheur dépendait des caprices d'un comédien. Et le prix que l'on attache à la possession d'un artiste, même original, n'est pas un des moindres ridicules du siècle !

Je dirai donc au directeur du Vaudeville : Voulez-vous conserver l'estime du public que vous méritez à tous égards, hâtez-vous de promener vos yeux sur toute la surface dramatique, et choisissez dans les troupes de province un amoureux d'un âge convenable à l'emploi des jeunes premiers, et qui ne chante et ne parle pas avec difficulté. Que l'artiste que vous cherchez et que vous avez peut-être déjà rencontré, sache se soumettre à la critique qui éclaire, et qu'il impose silence aux passions de sa vanité. Encouragez Mlles. Minette, Clara, Victorine, Lucie, recrutez-leur une camarade qui partage leurs rôles, et qui par ses gentillesses, nous rappelle quelquefois les minauderies de madame Perrin. Mais, sans considérer des services passés, et que le parterre ne doit pas doublement payer, accordez des pensions aux Hénri, aux Fichet, aux Doisy. Il est temps qu'ils s'éloignent; car, Piron, du haut de l'Hélicon, ne les voit pas sans humeur!

Julien, Fontenay, Philippe, Guillemin, Hyppolite, Laporte vous restent encore; ils méritent des encouragemens. Proportionnez-les à leurs travaux!

A propos de travail, j'oubliais de féliciter M. Désaugiers sur la perte qu'il va bientôt ressentir. La gente Pauline Geoffroy a de petites agaceries qui plaisent; mais, si son étude, comme je n'en doute pas, lui fait ouvrir, à Pâques, les deux battans de l'Opéra-Comique, je lui conseillerai de renoncer à imiter les roucoulemens des tourterelles; et quoique cette actrice semble rappeler le printemps, par son joli minois et la grâce de ses manières, je lui dirai, avec la franchise d'un marin, que sa voix ne sympathise pas avec ses charmes. Petite et remplie de bonne volonté, qu'elle se borne à chanter de petits airs elle ne sortira pas de sa sphère!

Le Permesse Gelé, est une satire piquante et ingénieuse, dirigée contre les ridicules, et les prétentions du *Gymnase-Dramatique*. *Le Miroir*, qui n'est pas le journal de la vérité, s'attache à dénigrer cette légère revue et même à vouloir chagriner l'esprit de M. Désaugiers; on connaît la tactique de ses rédacteurs. *Tout aux passions, rien à l'équité.* Aussi, le lecteur s'aperçoit-il aisément qu'un membre de l'Académie s'est chargé de nourrir cette feuille de ses épigrammes.

L'Hermite jette quelquefois dans ses tableaux un enjouement, qui lui est particulier; au lieu de s'insinuer dans les corporations dites philosophiques, ce peintre habile devrait travailler pour la postérité, et ne pas emboucher la trompette du scandale; qu'il laisse à des jeunes gens qui entrent dans le monde littéraire, le plaisir de *folliculer*. Il est juste, qu'ils commencent par des essais; mais lui, M. de Jouy, marcher sur les traces de ces petits atlas qui, pour me servir de l'expression du cardinal de Bernis, croyent porter le monde sur leurs épaules !!!

Quand on a enrichi son pays d'ouvrages estimés, on doit polir ses productions et perfectionner son goût.

Vir probus et prudens versus reprehendit inertes,
Culpabit duros......

VARIÉTÉS.

Un duel au pistolet allait avoir lieu entre mesdemoiselles Pauline et Aldegonde ; le motif de ce combat singulier n'est plus une énigme. On s'imaginera peut-être qu'il s'agissait de la conquête d'un milord ou de la ruine d'un financier. Pas du tout. Les mœurs en sont au désespoir! la nature en frémit!!... Un petit carlin ayant appartenu au grand chambellan d'une reine *malheureuse* et *persécutée*, a donné naissance à ce scandale. Heureusement, dit-on, le donataire à moustaches est tout-à-coup survenu : bientôt, usant de sa baguette magique, il a réconcilié les camarades ennemies, qui se sont retirées fort satisfaites de sa Grandeur.

Mademoiselle C....., que la malignité accusait de ne se montrer jamais en face, vient d'accoucher d'un gros garçon. On prétend que M. le duc de C......... a été indigné de l'espièglerie. Pour le coup, s'est écrié monseigneur, on ne dira pas que c'est moi qui en suis le père!!

Des chansonniers habitués à des succès et qui ont disserté sur la politique dans le *Nain Jaune*, pendant les cent jours, vont faire contrition. Ils se proposent de présenter un divertissement sur le baptême de l'Auguste enfant qui doit resserrer les liens de la grande société. Des journalistes, arlequins avoués, ne peuvent demeurer étrangers à cette composition.

Des succès mérités marquent chaque jour la fortune de ce théâtre :

Les *Bonnes d'Enfans*, le *Diable d'Argent*, l'*Intérieur d'une Étude*, *Garrick*, et des acteurs animés du désir de plaire, tels que Tiercelin, Bosquier, Vernet, Odry, Legrand, promettent au caissier joie et santé.

Je ne puis passer sous silence le nom de M. Scribe. Doué d'une fécondité prodigieuse, ce jeune auteur a enrichi, dans l'espace d'un mois, trois théâtres de vaudevilles gais et spirituels. On dit qu'il ne s'adjoint M. Dupin que par amitié. Il n'est chargé que de mettre les points et virgules ! C'est une haute fonction qu'il remplit au gré de son habile commettant.

GYMNASE DRAMATIQUE.

L'ouverture d'un théâtre est pour la capitale une affaire d'état ; un mois à l'avance, les Laïs parisiennes courent chez la faiseuse de modes, le marchand de cachemires, le bijoutier, l'artiste en perruques, et surtout chez le parfumeur, comme le personnage le plus essentiel, physiquement parlant, le rouge et le blanc sont entassés, avec profusion pour cacher les rides naissantes, pour donner une fraîcheur factice au teint pâle et livide que provoquent toujours les trop nombreux sacrifices offerts à la déesse d'Amathonte. L'époux inconstant, le riche banquier, la jeune héritière d'un oncle encore vert, le fils dissipateur d'un douaire à venir, tout se meut, s'agite, se remue, et, comme à Longchamps, engloutit en un jour les revenus de dix ans; eh pourquoi? pour briller une heure...... Je conçois qu'alors les manufactures sont en activité, les ouvriers sont trop rares; ils passent des nuits, se fatiguent, s'énervent, tombent malades, pour la plus grande gloire d'une représentation que l'on maudit quelquefois le lendemain. Les loges sont louées avant que la salle soit bâtie; les bureaux sont assiégés dès le matin du jour fameux; les filoux se faufilent; les montres et les cachemires disparaissent, le mari perd sa femme, le futur sa prétendue, l'innocente son honneur. On crie au scandale, la toile se lève : on applaudit, on siffle, on maudit les journalistes prôneurs de certaines marionnettes qui n'ont d'acteur que le nom, et l'on sort les côtes meurtries, la tête fatiguée, en répétant, non à l'instar de Beaumarchais, *tout finit par des chansons*, mais par ce vers du bon La Fontaine :

> Une montagne en mal d'enfant, etc., etc.

Ce début me conduit naturellement à parler de l'ouverture du Gymnase, de ce théâtre qu'une baguette semble avoir fait sortir de terre, et qui peut-être n'aura de magique que la promptitude de sa construction. L'emplacement est beau, la salle jolie et les actrices de même. Mais cela ne suffit pas; la troupe possède-t-elle des artistes de mérite; c'est ce que l'on verra ou que l'on ne verra pas; j'admets que la province est la pépinière des théâtres de Paris; mais quel est le directeur qui, possédant un sujet remarquable, ne cherche pas à se l'attacher par quelques sacrifices. L'administration eût-elle entre les mains tout l'or du Pactole, elle ne pourrait donner à ses néophytes des appointemens assez considérables pour les indemniser d'une fausse démarche, c'est-à-dire, d'une chûte presque certaine, car

> Tel brille au second rang qui s'éclipse au premier !

L'artiste qui, par malheur, vient échouer à Paris, ne peut plus espérer un engagement fructueux en province; il vient donc, en terme de joueur, risquer son *va-tout*; et, je n'en soupçonne aucun

(23)

assez imprudent pour ne pas se faire donner des appointemens en conséquence; donc, les directeurs du Gymnase, malgré l'extension de leur privilége, ne pourront supporter les charges exorbitantes qu'ils se sont imposées. Un simple aperçu appuiera ce que j'avance. Il a fallu faire l'acquisition du terrain, construire à grand frais un bâtiment, payer de fortes sommes pour dédommager les locataires du café Vaspard, engager le triple de sujets nécessaires, et par-dessus courir les chances d'une rivalité toujours dangereuse avec des théâtres établis depuis long-temps et en possession de talens estimés et honorés du public.

Les premiers mois doivent nécessairement attirer la foule des oisifs et des curieux, voire même les personnes les plus indifférentes, car, pourrait-on se présenter dans la plus petite société, sans raisonner, bien ou mal, des décorations et des actrices, des acteurs et des machines du boulevard Bonne-Nouvelle. Voilà un point incontestable; mais je cite encore notre fabuliste :

> La cigale ayant chanté
> Tout l'été,
> Se trouva fort dépourvue
> Quand la bise fut venue.

Lorsque la curiosité sera épuisée, la caisse sera

de même. Ce n'est pas en transplantant des pièces exotiques, telles que la *Maison en loterie*, *Caroline*, *la fée Urgèle*, etc., etc. qu'on osera espérer des recettes. Quel avantage l'art théâtral peut-il retirer de cet établissement? aucun. Le second Théâtre-Français était nécessaire. Il est venu établir une rivalité incontestable, un puissant véhicule, une sorte d'encouragement pour nos poètes modernes; mais, nos vaudevillistes, nos petits auteurs de petites comédies n'avaient-ils pas plusieurs portes ouvertes. Au refus du théâtre de la rue de Chartres et de celui du Panorama, l'asile du sombre mélodrame, il abritait leurs éphémérides et les grelots de Momus accompagnaient les troubadours et les cymbales du bâtard de Melpomène? Une succursale est indispensable à Feydeau. *Benè sit*. Mais sera-ce le Gymnase qui pourra fournir des artistes dignes de succéder aux Martin, aux Ponchard, aux Boulanger et Gavaudan, etc., etc.? non. L'opéra-comique en trois actes lui est défendu. Donc ce théâtre ne peut que nuire aux théâtres établis, sans être utile à la prospérité dramatique.

Qu'un feuilletoniste d'une trempe aussi constitutionnelle, que celle de M. Évariste Dumoulin élève aux nues ses amis et confrères, rien n'étonne de la part de ce critique peu malicieux;

personne n'ignore les antécédens qui ont procuré ce privilége à un chansonnier agréable. M. Mirbel de Decazienne Mémoire, a voulu protéger un camarade de collége, et se ménager peut-être des intérêts personnels. Comme la fortune est capricieuse, il a réfléchi que dans une révolution administrative, il serait dans le cas de perdre sa place de maître des requêtes; il s'est réservé une salle, où il lui sera permis de faire publiquement ses expériences chimiques. Il a donc protégé les *flons-flons* un peu *naïfs* de son cher ami, M. de la Rozerie, sans doute pour le dédommager de la chûte du *Journal des Maires*, qu'il lui avait déjà fait obtenir!

J'ai déjà prouvé que le Gymnase n'était d'aucune utilité aux arts, et que les dépenses énormes que son ambition a nécessitées, menacent d'engloutir les actions de joueurs imprudens. N'aurai-je pas la liberté d'examiner à présent, si les droits que les premiers théâtres royaux ont acquis de choisir dans la troupe de M. Delestre, les sujets qui aspirent à la couronne des Ponchard et des Martin, ne doivent pas sérieusement déranger les calculs d'intéressés sociétaires.

L'échauffourée de Gontier me fournira quelques observations :

Quand je disais que la carrière dramatique ouvrait la route de l'opulence à quiconque sait profiter de ses talens, avais-je tant de torts? L'exemple de Gontier ne prouve-t-il pas en faveur de l'assertion. Nous ne sommes plus en état de guerre; il n'est donc pas surprenant que la désertion passe des corps militaires à la troupe momusienne. Mais ce qui doit étonner, c'est le scandale que donnent ces ingrats transfuges; c'est enfin cette cupidité sans bornes qui rend un artiste distingué tout à coup un être sans considération, puisque l'amour de l'or lui fait oublier ses engagemens et la reconnaissance qui est l'apanage des belles âmes. Gontier s'est-il imaginé que les habitués du *Boulevard Bonne-Nouvelle*, qui l'ont vu débuter dans un trait d'esprit, intitulé le *Colonel*, aient pour lui les mêmes égards et la même prédilection que les abonnés de l'orchestre du Vaudeville? L'escapade de Potier ne lui fournit-elle pas la mesure de l'empressement que chacun mettra à le détailler au Gymnase? Il n'est malheureusement que trop vrai. La critique pallie souvent les défauts d'un acteur laborieux; mais si cet acteur se donne des airs à la Darboville ou à la Georges, l'aristarque ressaisit la verge du ridicule, et montre aux hommes engoués d'une séduisante imperfection, des vices de nature et la faiblesse de la voix de leur illustre favori.

Toujours ami des arts et jamais esclave des

passions, je n'insère ces réflexions que dans l'intérêt des administrations théâtrales. Cet encouragement concédé à des mimes est d'un très-mauvais poids. Une foule de jeunes gens de bonne famille peuvent se laisser entraîner par cet appât, et abandonner la vocation honorable qu'ils parcourent présentement. La renommée des comédiens secondaires n'est produite que par l'enthousiasme du moment.

Gontier n'est ni un Elleviou, ni un Ponchard, ni un Potier, ni même un Perlet ou un Philippe; la province fourmille d'artistes qui possèdent plus de jeunesse, plus de voix et moins de vices de conformation que lui. Le Vaudeville a donc agi sagement, en ne répondant pas de suite à l'appel inconvenant de ce transfuge répréhensible, puisqu'après avoir renouvelé un engagement de trois ans qui devait commencer à Pâques, il s'est retiré avant le terme de son premier contrat, et s'est conduit en femme coquette! Le caissier se réjouit de sa désertion; le Gymnase augmente de plus de 34,000 f. son budget presqu'impayable; et le temps nous apprendra le reste! D'ailleurs, le Vaudeville est-il si à plaindre: Julien ne remplace-t-il pas Gontier; ne fait-il pas presque autant de plaisir que cet artiste ambitieux? S'il a deux lustres plus que lui, son jeu, son talent, réparent les torts de l'âge!

Il ne me reste plus qu'à jeter un coup-d'œil sur la troupe départementale de M. Delestre.

Madame Perrin, qui a perdu beaucoup de l'estime publique, en abandonnant un époux idolâtre de ses charmes, cette actrice n'a fait qu'apparaître sur l'horizon gymnastique. Son apparition n'a pas répondu à l'attente que chacun en concevait. Sa santé s'affaiblit, son organe n'est plus doué de ces accens qui pénétraient l'âme et qui excitaient vivement nos émotions. Madame Perrin a précisément saisi la scène de *la Somnambule*, où elle n'était pas au Vaudeville ce qu'elle devait être, puisque les vrais amateurs jugèrent qu'elle la jouait à contre-sens. Aussi a-t-elle remercié Molière et son admirateur Perlet, qui lui ont laissé quelques semaines de repos.

MM. Scribe et Germain Delavigne, se fiant trop au talent de Gontier et de madame Perrin, ont composé à la hâte une folie intitulée le *Colonel*. Le pantalon ne sied pas mal à la *Somnambule*; malheureusement son chant décèle son sexe et la faiblesse de ses poumons. Cette jolie actrice, que cependant je voyais toujours avec plaisir, figure aujourd'hui l'abandon, et nous menace d'une retraite prochaine. La prétention de Gavaudan qui, dit-on, l'honore de ses leçons musicales, pourrait bien devenir vaine. Madame Perrin a une trop faible constitution pour doubler madame Lemonnier à l'Opéra-Comique. Je lui conseille de se ménager. Les eaux de Nice rendront peut-être à madame Perrin la santé qu'elle vient de perdre!!

Mesdames Gevedon, Dangremont, et Hunz connaissent leur état ; elles ont étudié les mœurs provinciales. On s'en apperçoit toutes les fois qu'elles jouent : maniérées et sans gêne, la hardiesse forme le cachet principal de leur talent.

Mademoiselle Esther réunit à une physionomie charmante une aménité de voix et de gestes, qui méritent des éloges, son chant est timide et sa démarche grâcieuse.

Mademoiselle Azaïs serait fort bien placée au comptoir du café des Mille Colonnes.

Mademoiselle Fitzelier, déclame comme un grenadier; on la dirait cousine germaine de l'une des marchandes numérotées du Pont-Neuf.

Les figurantes ont des minois agaçans; c'est un charme que l'on rencontre dans maints boudoirs de la capitale.

Perlet peut rivaliser avec Potier. Cet acteur, original sans grimaces, serait une acquisition sans prix et une bonne fortune pour le Gymnase, s'il ne se retiroit pas à Pâques, et n'avait ailleurs un engagement plus sûr et plus lucratif.

Bernard-Léon connaît l'*a*, *b*, *c* dramatique; il a du mordant et de la verve.

Moreau paraît content de sa personne; je souhaite que le public le soit autant de lui. J'en doute; assez aimé à Rouen, il éprouvera des difficultés à s'attirer la faveur parisienne. Son chant est tout méthodique; et souvent, il cherche à imiter le Narcisse de la fable.

Saint-Eugène a longtemps, aussi, charmé les Rouennais; c'est un chanteur rempli de goût; il ne restera point au Gymnase, sa voix est trop élevée pour le cadre de cette bonbonnière.

Désessart est demandé à Feydeau; il doit être flatté de cet honneur qu'il mérite.

Sarthé est un comique de bon aloi, qui doit prochainement débuter au second Théâtre-Français.

Théodore ne jouit pas d'un physique convenable pour jouer les Adonis; il chante à peu près comme son physique parle. Ce n'est qu'un oiseau de passage.

Dormeuil a de l'acquit et de l'aplomb.

MM. Scribe, Mélesville et Moreau se sont réunis pour chanter en chorus les brillantes promesses du Gymnase. Des couplets spirituels ont aisément fait reconnaître la touche badine et légère du principal auteur du *Nouveau Pourceau-*

gnac, M. Scribe. Elève du collége de Sainte-Barbe, où il se distingua, ce jeune chansonnier a enrichi le Vaudeville de pièces originales et divertissantes. Si ses comédies manquent de fond, en revanche, la saillie des épigrammes, dont il les nourrit, rachète ce défaut essentiel. Sa fécondité nuira à ses succès; car, Momus n'est pas le seul dieu qu'il encense.

M. Mélesville a prouvé qu'il était digne de devenir le collaborateur de ce joyeux vaudevilliste.

La muse de M. Moreau obtint, il y a quelques années des couronnes. Son esprit morose, et entaché de philosophisme, ne paraît plus si prodigue d'agréables bouffonneries. A quelques traits hypocondriaques, il est néanmoins possible de reconnaître sa Minerve.

Le Secrétaire et le Cuisinier présentent des situations du comique le plus riant. *Le Charlatan* et *le Colonel* ont succédé à l'enterrement d'*une Visite à la Campagne*; de *l'Amour Platonique*, de *la Maison en Loterie*. Ces deux productions, dénuées d'intérêt, ne tarderont pas à suivre le destin de *la Fée Urgèle*.

Le Gastronome sans argent présentera des détails piquans; mais, le caractère n'est pas neuf, puisqu'il est calqué sur le *Pique assiette*, d'un *dimanche à Passy*.

M. *Sensible*, copie de *Jean qui pleure et de Jean qui rit*, offre à la critique, une moisson de fadaises que Sarthé, seul, pourrait rendre original; les auteurs ont gardé l'anonyme; c'est le trait le plus spirituel de la pièce.

GAITÉ.

Basnage, acteur plein d'originalité, et que l'administration remplacera difficilement, vient de mettre fin à ses jours. Homme d'honneur et plein de délicatesse, il a caché à ses amis la gêne où il se trouvait; il a préféré se suicider, plutôt que de réclamer les bontés de madame Bourguignon (1), femme excellente et recommandable, par ses traits multipliés d'humanité et de bienfaisance.

Les talens de Mlle. Adèle Dupuis, de Marty et de Ferdinand, réunis aux jolis ballets de M. Lefebvre, donnent à *la Foire de Milan* une vogue étonnante.

Il paraîtra incessamment une brochure du même auteur intitulée le *Panorama dramatique*, où les directeurs, auteurs, acteurs, actrices, voire même employés des théâtres de Paris devant l'opinion publique !

---

(1) Directrice de ce théâtre.